언젠가 그리울
일상의 기록

# 고마워 하루

처음처럼, 지하철6호선, 가죽커버 수첩, 모나미 볼펜, 게임회사 15층, 옛 추억,
유진, 유건, 유솔, 어머니, 아버지, 아내 경주씨, 그리고 나의 하루

고마워요

언젠가 그리울
일상의 기록

# 고마워 하루

**하재욱의 라이프 스케치 2**

Hz9 에르츠나인

가는 길 아무리 바쁘고 외롭더라도
꽃 한 송이 바라 볼 여유를 드립니다

차례

**1장 샐러리맨** | 달리거나 매달리거나 008

**2장 가족** | 지붕까지 닿도록 사랑 052

**3장 6호선** | 이번 역은 인생 환승역 078

**4장 계절** | 하루만이라도 나의 계절 106

**5장 마흔** | 비불혹, 하물며 미생     158

**6장 술** | 허튼 밤 견디는 깊은 숨     188

**7장 아내** | 고마워 당신     234

**1장 | 샐러리맨**

# 달리거나 매달리거나

이딴 몹쓸 **월요병**에 걸린 줄 알았더라면

혼자서만 팔랑대며
가볍게
날아다니는
지갑

무거워서
걷다가도 드러눕고 싶어지는
생활

가방이라도
부풀어 오르면
떠오를까요?

내 삶

**업무 증가**

평생이 아니어도 좋으니 제발

오
래
오
래

붙어있어 달라는 아내의 애원에

사
랑
하
지
않
는
데

어떻게 그럴 수 있어 라고 차마 말하지 못하고 툭 던진다

애
써
볼
게

회사

이 세상이
사각형이라 말하면
나는
믿겠어요

이 세상의 끝에
낭떠러지가
있다 말하면
나는
믿겠어요

갈릴레이를
세 번
부인하고
말겠어요


모니터 앞 월급쟁이

나를 태운
의자는

흔들리며
어디론가 갑니다

어디로 가는지 관심 없습니다
단지 멈추지 않기를
바랄 뿐이지요

멀미가 나지만
두 발을
땅에
디딜 순 없습니다

다시 올라타지 못할
것을
아니까요

흔들리며
열심히
어디론가
갑니다

**월급쟁이**

두 눈 부릅뜨고
지켜봐 주겠다

순식간에
치고 빠질 테니

**월급통장**

통장정리 하랬더니
돈까지 쓸어 담아
어디다 버렸나 봅니다
시키지도 않은 일까지
참 잘합니다

**잔고**

쌉쓸한
감정 알갱이를 뱅그르르 녹여
향기나게 하는
뜨거운
물 같아요

**적절한 음악**

딱딱하고 마른 생각 같은 식빵
너덜한 목도리 같은 상추
월급 전날 지갑 두께의 계란후라이
포개어 놓으니

## 나네

<u>토스트</u>

사람은 누구에게나
자신을 꼭 필요로 하는 보람찬 일이지만
죽어도 하기 싫은 일이라는 게
있는 거다
일개 화장지에게조차도 그런 게 있는 거다

**대변**

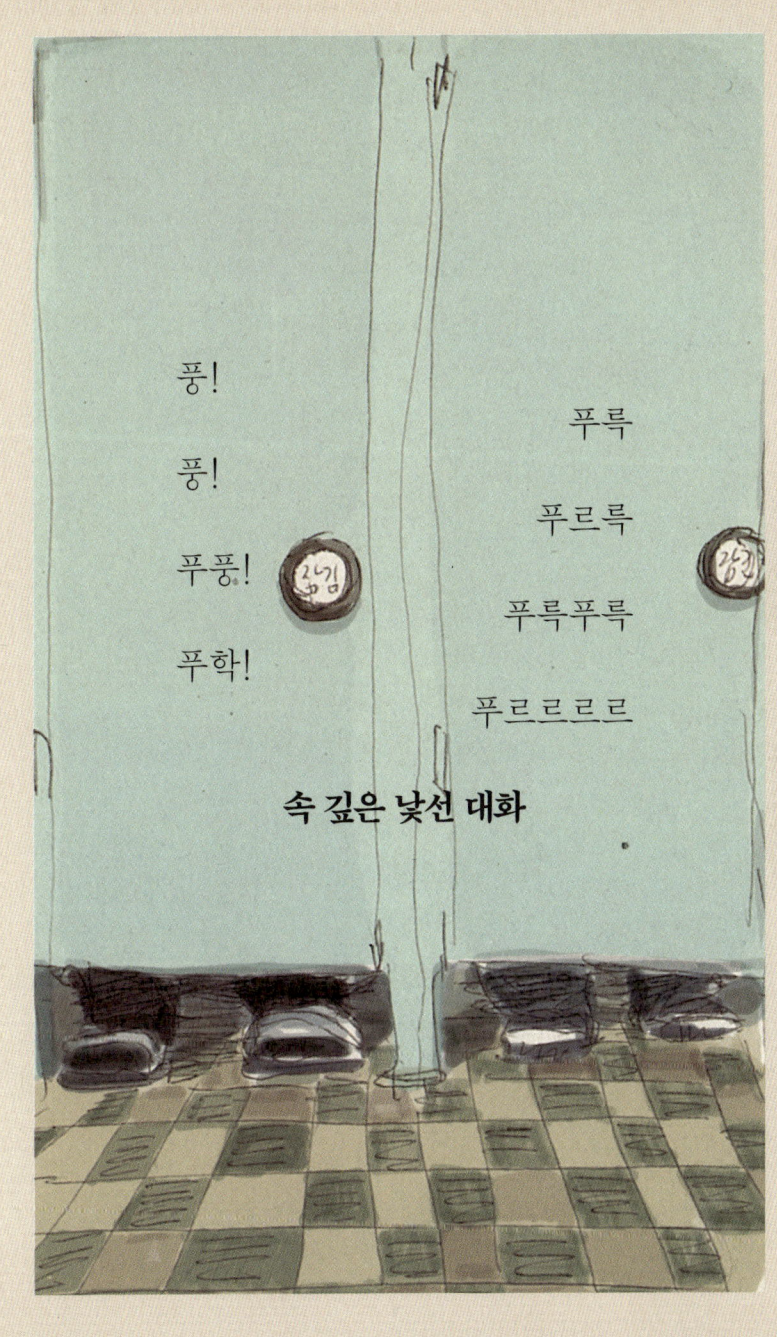

이럴 거면
현상금이라도
좀
올려주지

수배 중

도대체
행복해지려면
어떡해야 할까

회의가
밀려온다

**온종일 회의**

몇 년 전
내가 쓴
기획서

다시 보니
가슴 떨린다

**안 잘린 게 다행**

함께 고생하고
똑같이 일했는데

넌 남고

사람은 떠났네

**컴퓨터**

시스템
폭파

**퇴근**

퇴근길
지하철

오늘 하루도 너무나 애쓰셨습니다

라는
멘트가
방송에서
나온다면

**울 것 같다**

먼지 낀
빛에 닿자
차오르는
환상의
상형문자들

몽롱한 빛에
이끌려
배운 적도 없는
고대문자를
해독한다

출근 시간
늦었으니
벌떡 일어나
이빨 닦고
머리 감으라고

**늦잠**

제목 : 사장 앞
부제 : 그대 앞에만 서면

휴가를

이용한

파업

**연봉협상 다음날**

나는 나의 존재 가치가 사장님이 주는 연봉 따위에
결정된다는 생각에 결코 동의하지 않는다
하지만 아내가 하사하시는 용돈에
나의 말단 세포 하나까지 일동 차렷 한다는 것에
매우 강한 확신을 가지고 있다

**벌써 오링**

이것은 둘째가 삐칠 것, 저것은 둘째는 웃고 첫째가 삐칠 것
그러면 저어기 저것은 첫째 둘째가 웃고 아내가 삐칠 것
나 웃자고 야채고로케를 선택했다간 가족 모두가 삐칠 것
누굴 웃기고 울릴지
다시 고민 시작

**지갑이 얇은 탓에**

출근 복장
그대로

서울서
택시 타고
이곳에
들러서

사람 사는 곳
내려 보며
더 깊은
상처받고 싶고

그 상처
바닷물에 씻으며
쓰라리고 싶고

선배들과
회 한 접시
소주 한 잔 하고

택시 타고
훌쩍이며
집으로 돌아오고 싶어요

왕복 택시비에
죽고 싶어요

**부산 산복도로**

더
똑똑해지긴
글렀고

차라리

더
바보 같아
지는 게

지금보단
낫겠다

**지혜**

모니터 옆 파티션이 붉게 물듭니다. 서쪽으로 난 창을 넘어온 노을이 내 영역까지 침범한 것입니다. 참을 수 없는 유혹에 파티션 위로 고개를 들어봅니다. 크리스마스를 지난 노을이지만 산타의 옷만큼 붉습니다.
그렇거나 말거나 노을보다 밝게 빛나는 모니터에 온통 빠져있는 동료들이 보입니다. 직장인에겐 노을은 업무 매뉴얼엔 나오지 않는 아주 낯선 단어니까요. 사무실이 파티션으로 짜인 거대한 바둑판처럼 보입니다. 만화 『미생』이 괜히 바둑과 직장 생활을 연결한 게 아니구나 하는 생각에 미칩니다.
우리는 그냥 할당된 자기 영역을 지키는 바둑돌. 삐끗하면 외통수로 죽을 수도 있습니다. 이왕이면 검은 돌이고 싶습니다. 덤을 주더라도 선수라도 치고 싶은 마음이니까요.
회전의자 위로 엉덩이를 던지고선 다시 모니터를 바라봅니다. 곧 퇴근이라는 사실만이 위안입니다. 어제 밤새웠으니 오늘은 야근 없이 '칼퇴'입니다. 이제 '과로에 의한 돌연사'라는 기사를 보면 가슴 한쪽이 서늘해집니다.

그러고 보니 어느덧 이곳에 다닌 지 아홉 해가 넘어가고 있습니다. 이렇게 오래 몸담은 곳은 없었죠. 하루의 대부분을 이곳에서 보내고 있으니 온갖 정은 다 들었을 법한 시간입니다. 아무리 그래도 집에 있을 때 이곳이 그립거나 그러지는 않습니다. 연휴 기간에 아이들 등쌀에 짜증 날 때나 잠깐 도피처로 여겨질 정도죠.

그래도 나는 이곳이 고맙습니다. 내게 직장생활은 꿈을 지켜주는 방법이거든요. 내 꿈은 아내와 아이들의 행복입니다.

이것을 꿈으로 삼기로 마음먹은 이후부터 삶의 방향과 살아가는
태도가 아주 명확해졌습니다.
내가 회사에 다니는 것은 자기실현이나 사회적 성공 같은 거창한
이유 때문이 아닙니다. 오래도록 잘리지 않고 또박또박 월급을
받을 수 있다면 그저 고맙다는 마음입니다. 아무리 고달프고
외롭고 무겁더라도 살아갈 수 있다는 사실에 웃을 수 있습니다.
아내와 아이들 사이에 지친 몸을 조용히 눕힐 때 너무도 기쁩니다.
그리곤 정말 자신이 원하던 일을 할 수 있는 사람이 얼마나 될까?
물어보며 스스로를 위안합니다.
옆에 누운 아내가 말합니다. 미안한 말이지만, 오래 다녀 달라고.
그런데 나는 왜 그 말이 '오래 달려 달라'라고 들리는 건지. 가끔은
'오래 매달려 달라' 라고 들리기도 합니다. 최고속력으로 달리고
싶지만, 일단은 오래 달려 보기로 합니다. 시동이 안 걸린다면
매달리기라도 해야겠죠. 조금 바보 같은 모양새더라도요.

직장 생활을 오래 하려면, 의자가 좋아야 합니다. 집중 안 될 때
흔들흔들 거려도 고장나면 안 됩니다. 부장님이 부를 때 의자를
휙 돌려도 삐걱거리면 안 됩니다. 전날 야근으로 잠깐 눈을 붙일 때
적당히 뒤로 젖혀져야 합니다. 가끔은 외로운 마음을 다독여
줄 만큼 좋은 가죽으로 만든 의자를 갖고 싶다는 생각도 듭니다.
앗, 진급 욕심이었나요? 가끔은 내가 탄 의자가 어디론가, 내 꿈을
믿니는 그곳으로 나를 데려다 주지 않을까 상상도 해 봅니다.

좀 전에 근처 카페에서 사 온 투 샷 아메리카노가 아직 식지
않았습니다. 내 마음 또한 여전히 진하고 식지 않길 바라 봅니다.

옆자리의 점잖은 양반의 머그컵에
커피가 있을지 소주가 있을지는
아무도 모르는 거여요
저도 집에서는 머그컵으로
소주 마시니까요

여기가 분위기 좋은 커피숍이라구요?
에헤이~
저는 분위기 좋은 프랑스 파리역에서
한 블록 떨어진 맥도날드에서
감자튀김에 팩소주 깠는걸요
분위기 나쁘면 술 안 묵어요

저분의 얼굴은 술 먹은 표정이 아니라구요?
얼씨구~
저는 술 마시면
얼굴이 이영애처럼 하애집니다요

사람 일 모르는 거여요
진짜로

**꽤나 합리적인 의심**

편의점에서 산
1000원짜리 커피를

종각역
던킨도넛에 앉아
스타벅스를 보며
홀짝였다

**누가 더 열 받을까**

여기 이렇게 있는
내가 과연
꼬침니까?

털지만 말고
대답해보셔요
쫌

## 화장실의 꽃

당신의 사랑 총량을 놓고 보았을 때 당신은
특정 구간에 과도하게 집중 투자한 것을 알 수 있습니다

전문용어로
이 구간을
첫사랑이라고 하지요

당신뿐 아니라 대부분의 투자자가
이 구간에서 큰 손실을 입습니다
과도한 투자, 결정적으로 투자대상의 불확실성 때문이지요

우리 사이니까 솔직히 말씀드릴게요

당신은 재기하기 쉽지 않습니다
남은 사랑이 얼마 없거든요
제가 말씀드릴 수 있는 최선은
남은 사랑을 여러 구간에 분산 투자하세요
집중 투자는 절대금물입니다

그리고 무엇보다 투자대상을 신중히 고르시길 바랍니다
매혹적인 투자대상이라고 달려들기보다
재무건전성을 따지셔야 합니다

전문용어로
안전빵 말입니다

**결혼에 대한 조언**

**2장 | 가족**

# 지붕까지 닿도록 사랑

깔
깔
깔
깔
**생애 첫 비데**

지금 떠나면
다시는
돌아오지
못할 거라는 거
알고
있으니까

마음 아파
입 맞추어
보낸다

**이 순간**

살아가다 보면
어떤 종류의 일들은
신속하고 정확한 건
기본에다
은밀하기까지 해야 하는
것들이
종종
있단다

아빠
불편해

딱딱한 거
좀
치워

**어디로?**

둘째는
종종
나에게 얼굴을 파묻고
꼭 껴안았다가
간다

마치
오래오래 자기 곁에
머물러 주기로
약속했으니
꼭 지키라며
도장 찍는 것
같다

나는 다시 맹세한다
술 줄이기로

**물자국**

내가 감당해야 할 인생의 무게 중
1.5리터를
아들 녀석이 들어주었다
고맙구나
맛있게 먹으려무나

**도미노 피자 사서 오는 길에**

아는 언니가 가져온 앵무새를 보더니
새를 사달라고
하도
조르길래
새를
사줬다

**교촌치킨**

늘 하던 터치를
못 하겠더군요

왠지
여자같아서

**헤드락**

그 나이 때의
나의 성공 횟수를
넘어섰다
이미 나를
뛰어넘었다

**딸이 또 변기 막아놓음**

딸은
내가 부담 없이
사 줄 수 있는 것을
고른다

그리고
아이처럼 우쭐해 하는
내 표정을
살피며
어른처럼
웃는다

딸이
뭔가 알아챈
느낌이다

그것은
매우
슬픈
느낌이다

**예를 들면 생과일 주스보다 생수**

추우니까
3분씩
교대로
사용하기로 한다

**36.5도짜리 핫팩**

새벽에
춥다며
막내가
둘러주는

**아기목도리**

아가!
난
새 아빠가 아니고
니
친아빠란다

**수염 깎은 후**

넌
누구냐?

## 종암동 쌍커피

아들아!
아빠 여행 가고 싶어

아빠!
나 단독집으로 이사 가고 싶어

(침묵)

**되로 주고 말로 받음**

아이를 재우려고 장벽을 세우면 아이는 그 안에서 울다가 웃다가
기대다가 밀다가 넘어지다가 한다
그러다가 조심스럽게 다가와서 입맞춤을 하기도 한다
통곡의 벽처럼 베를린의 장벽처럼
아이의 바람은 부모를 무너뜨리고 그 너머로 가는 것인가
우리의 역할은 무너지는 것으로 아이에게 용기를 주는 것인가 싶
다

**잠투정**

슈퍼맨은
도와 달라는
지구인들의
긴급 요청을
받고

급히 옷을
갈아입다가
짜증 폭발로

파랑 타이즈가
아니라
악에 물든
검정 타이즈를
입은 채로

되려
지구인과
세계 각국을
파괴해
버렸다

**피곤에 쩐 40대 슈퍼맨과 부루마불**

억울하면
니가
아빠
하든가

**난 미련 없다**

새벽에 일어나 아이들에게로 가서
첫째를 꼭 안은 후
볼을 비비고
둘째를 꼭 안은 후
어제 내가 감겨준 머리의 비누 향을 맡고
마지막으로
갓난쟁이 옆에
내 얼굴을
내려두었다

그리고 기다렸다

마침내 알람이 울렸고 나는 미친 듯이 날뛰었다

야! 이 녀석들아!
일어나란 말이다
얼른 씻고 옷 입으란 말이다
학교 갈 준비하란 말이다

무(move)! 무(move)!! 무(move)!!!

아이들은 좀비처럼 꿈틀대며 일어나면서
나를 노려보았고
노골적인 적의와 함께
이빨을 드러내며
으르렁거렸다

**또다시 월요일 아침**

오늘도
결국
포박당했다

용서받고
내일 아침
또
가석방
되겠지

정신
못 차리고
마음의 법을
넘나드는

**잡범**

# 3장 | 6호선

# 이번 역은 인생 환승역

어깨 위의 하루 묵직하네

그냥

사람

사이에서

머물고

싶더라

**조금 불편해도**

그 앙증맞은 발모가지를 내어 놓으면서까지
이렇게 해야 하는 이유를
<u>스스로에게 납득시키시지 못하셨다면</u>
이쯤에서 관두시는 게
맞는 겁니다

**러시아워**

대한민국은 무조건 전방압박이어요
참고하세요

**슈틸리케 국가대표팀 감독님**

전날 바짝 동여매어도 어딘가
느슨해져 있는
풀어져 있는
어쩔 수 없는

**월요일**

아침에 낼름 잡아먹고
저녁에 쩍 싸놓고
가더라
고려대역에다 맨날

**통근 지하철**

집 - 지하철 - 회사 - 술집 - 지하철 - 집

**순환 정거장**

집 - 지하철 - 회사 - 술집 - 지하철 - 집

간혹
교회

**탈선**

저 멀리서 희번덕이는 눈빛으로 정신 나간 채 질주하는
구급차를 보아하니
모든 인류가 빠짐없이 안녕하기는 아침 댓바람부터
글러 먹은 모양입니다

**우주적 근심**

인생을 바꾸는 전화 한 통화
마누라의 전화

## 출근 전철 놓침

이리
참한 아가씨가
저리
무시무시한 책을

**미적분학 II**

내가 타자마자
딱
내려주신다
어제 늦게 잔 거
어떻게 알고

**갑자기 엄마 생각나네**

나의 생 어디 어느 부분에서
이리 깊이
몸 누일 수 있을까

그의 품에
이렇게 안기고 싶다

매일매일
주5일 동안

출퇴근 자리

시간만 잘 맞추면 매일
아침 드라마 하이라이트
볼 수 있어요

**출근 커플**

넌 돈만 주면
아무 데나 다
가느냐
야 이놈아

**장례식장 가는 지하철**

찌꺼기를 차마 버리지 못 하고
마지막 트랙을
뛰어주네

고맙게끔

**막차**

지하철에는 두 종류의 인간이 있습니다. 스마트 폰 보는 사람,
그리고 조는 사람. 그런데 간혹 나 같은 별종이 있습니다.
관찰병 환자. 흔히 변태나 치한으로 오해받기도 하는데, 우리끼리
는 한눈에 알아봅니다. 손에 든 게 수첩인지 몰카용 스마트 폰인지.
찰칵 소리에 앞자리 그녀가 불쾌한 표정으로 쳐다봅니다. 내가
사진을 찍은 건 당신이 아니라 내 수첩이라고 항변하듯 딴청을
부리지 않고 애써 담담하게 수첩을 봅니다. 수첩을 왜 찍느냐고요?
지하철에서 그린 그림을 페이스북에 올리기 위해서죠.

아침에 6호선 고대역에서 지하철에 올라 환승역인 동묘역에서
1호선을 갈아타고 가산디지털역에서 내립니다. 밤에는
그 반대고요. 간혹 홍대역에서 내릴 일이 있긴 한데 그야말로
간혹일 뿐입니다.
어쨌든 출퇴근에 두 시간 정도 걸리는데, 내겐 아주 소중한
시간입니다. 러시아워의 만원 지하철이라도 그 누구의 간섭 없이
오로지 나만의 시간을 누릴 수 있으니까요. 유일하게 허락된
하루의 이 두 시간은 지하철에서 나만을 위한 무언가를 할 수 있는
시간입니다. 요행으로 자리에 앉게 되면 그림을 그리고, 발 디딜
틈조차 없을 정도로 미어터질 땐 생각을 합니다. 그래서 어릴 적
만화영화 시간을 기다리듯 유일하게 기다려지는 시간입니다.
말하자면 지하철은 나만의 골방, 다락방, 옥탑방 같은 곳입니다.

어느 날인가는 물끄러미 지하철에 탄 사람들을 이리저리 관찰하다
가 문득 지하철이 서재라는 생각이 들었습니다. 한 사람 한 사람이
각자 깊은 이야기를 담은 한 권의 책이라는 거죠.

출입문 옆 지지 기둥은 북엔드, 좌석에 앉아 있는 사람들은 잘 정리되어 꽂아 놓은 책이고, 서 있는 사람은 읽다가 아무렇게나 쌓아 둔 책이겠지요.
나는 지하철에서 '사람 책'을 읽습니다. 한 사람 한 사람의 표정과 눈과 입술의 모습, 그날 입은 옷과 구두에 묻은 흙을 읽어 내립니다.
세트 도서처럼 지하철에 탄 커플, 시리즈로 앉아 있는 여고생들, 하드커버 도서처럼 근사하게 빼입은 신사, 페이퍼백 도서처럼 발랄한 아가씨. 오탈자 많은 책처럼 나사 빠진 취객, 전문 교양서처럼 날카로운 콧대를 지닌 청년 ….
차량 천장 부근에 걸린 광고판은 광고 띠지인가? 혼자 상상하다가 기산디지털역에서 서재 문을 열고 내립니다.

어제는 유난히 어깨에 멘 가방이 무거웠습니다. 회사 일을 잔뜩 짊어지고 퇴근하는 길이었거든요. 이렇게 버텨주는 삶이 차곡차곡 쌓이다 보면, '어깨 위의 하루'가 좀 가벼워지는 날이 있겠지요?
6호선의 풍경은 마치 기록되고 기억될 운명을 타고난 것처럼 언제나 인상적입니다. 내 손에 들고 있는 수첩 때문에 늘 특별해집니다.
만약 나와 함께 6호선을 탄다면 당신의 인생이 바뀔지도 모를 일입니다. 인생의 환승역이 될지도 모를 동묘역에서 기다릴 테니 어서 오세요.

아, 수다 떨다 늦었어요. 아무래도 오늘은 지하철 대신 택시를 타야 할 듯 싶군요.

이렇게
낙엽 한 장
끼워라도
두면

나중에
다시
찾을 수
있겠지요

**오늘**

늘
정체였었는데
뭘
새심스럽기는

**일상으로**

떡진
머리칼
물 바르듯

헝클어진
머리
모자로 덮듯

태초부터
어제까지를
오늘로
덮어야지

**고마워 하루**

오늘 하루도 어떻게든 버텨줘
꼭

**생활**

뜨겁게 불타오를 일도
차갑게 냉정해질 일도
딱히 없는
미지근한
일상

**36.5일**

이 비정한 도시에서
반가워서 손까지 힘껏 흔들게 하는
내게 몇 안 되는
소중한 사람

**택시 운전기사**

남의 벼 이삭을
훑어 내리는
가난한
내 입술 같다

**카드체크 기계**

4장 | 계절

# 하루만이라도 나의 계절

마음 비우고
피워낸
묵빛 꽃

얼음 모서리에서
불꽃처럼
피워낸
쪽빛 꽃

이젠
지려나 보네

꽃이 피고 지는데
무슨 순서가
있을까?

**꽃이 지네**

깔깔깔깔
깔깔깔깔
깔깔깔깔

회사까지 들리는 듯

# 겨울

점점 혹독해지는 전셋값을 견뎌내지 못해
재계약 포기하고
4계절이나 멀리 떨어진 우주 외곽으로
이사했나

앙상한 빈 집이
늘어간다

**동네 겨울**

끝까지
놓지 못 하는
잎새도
몰래 챙기는
햇살도
전부

미련이다
미련

**이미 겨울인데**

내어 쉬는
숨결이
조금
슬픈 모양을
짓네요

**입김**

성질머리 급한
몇몇 꽃같이
아름다운 여인들이

다시 추위를
불러들이는
사달을 낼 줄

나는
알고 있었다

**이번 주 꽃샘추위**

홀라당 벗고
겨울잠 자던
나무들

나뭇잎 하나
걸치지 않고
춤을 춥니다

누가
창덕궁에다
몰래

봄봄봄
크게
들어봤나
봅니다

가던 길 멈추고
봄처녀 주위를
서성이는
겨울 아저씨

**오늘의 날씨**

당신이 도착했다는 소식을 다른 사람에게 들어야겠어요?
서운해요
도대체 지금 어디예요?

**서울, 첫 개나리**

도착하면 연락하랬더니
집 앞에서 팝콘만 먹다 갔나 보네

**봄날이 왔다 갔네**

인생의 무게 - 목도리 무게 - 내복 무게 - 오늘의 무게

**봄날의 무게**

봄나들이 옷
고르는 사이

제멋대로
얼른 입고
뛰어나가는

여자아이

**벚꽃**

꽃을
때리다

나에게
딱
걸렸네

곧
나까지
맞겠네

**우산 없음**

후다닥
뛰쳐나왔구나!

봄
아직 안 갔다
이 녀석아!

**첫 모기**

봄을
또
어디다
둔겨?

**오늘 덥네**

# 여름

하늘은
더
파래졌고

나무는
오히려
더
푸르러
졌어요

다들
참

**이기적이어요**

억지로
쑤셔 눌러 넣어서
삐져나오지 못하더라도
결국
배어 나오는 것들이
있다

**예를 들면 뭔가에 젖어있는 거**

갑자기 쏟아지는
빛줄기에
온몸이 흠뻑 젖었어요

**소나기 말고**

그늘로
다닌다

**젖은 것 마를까 봐**

저들에게서
커피와
스마트 폰을
탈취합시다!

이 정도는
되어야
내란이
일어나지!

**내란 선동**

아무리 파닥거려봐야
사람은 절대
안 변해

절대로

**36.5도**

나는 나의 가문을 지키기 위해
한 놈도 살려둘 수 없었다
놈들이 절대 복수를 꿈도 꾸지 못하도록
나는 밤새 검을 풀 수 없었다

**뱀파이어**

# 수상한 계절

기분
좋은
생각
?

**사실은 슬픈 생각**

곁에
있었다면

지금쯤
얼굴에
활짝
폈을
붉은 꽃

**여드름**

발 좀
치워
주시겠습니까?

**모든 게 아파서요**

이제
세상의 모든 신을
마음껏 원망해도 되는 시간이
다
되었나요?

**분노**

학교
무사히
잘 다녀와
꼬옥

**그냥 인사**

아야!

인자
나온나

밥
묵자!

**갯벌에서**

피부가
깨끗해졌네요
노랗게

효과가
있었나 봐요

**이틀 동안 가을비**

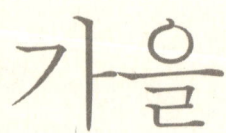

가을
지나도록
다 그리지
못하고

나무는
물감이
떨어졌네

길

자기 몸 터트려 하는
찬란하고
쓸쓸한
불꽃놀이러니

**단풍 절정**

언제 끊어질지 모르는 위태로운 노란 길 위로 등 떠밉니다
갈 수 있는 만큼
멀리 멀리 가라고
길이
다시 이어지는 내년 이맘때나
다시 만나자고

**내 마음아**

넌 분명 올해를 넘기기 힘들 텐데
너의 일상은 계속되는구나
일상이란 그런 거겠지
멋있다
열심히 살아내자
나도 그럴게
일루와 자식아

**11월 말 모기**

그동안
당신에게
무슨 일이
있었는진
알 순 없지만

이렇게
갑작스레
그만둬버리면
어떡해요

아이 참

## 가을 그만둠

**5장** | 마흔

# 비불혹, 하물며 미생

지금까지
멀찍이 도망 다니면서
절대 잡히지 않다가

갑자기
홱
돌아서
씨부린다는 말이

이제
때가 되어서
자기가 술래를 할 테니
나보고
도망가 보란다 ……

잡히면

돼

진

다

는

조건을 달면서

**나이**

어디서
어떻게
쉬어야
하나요
잘 모르겠어요

**40대**

허공에서
저 혼자
파닥거리다

툭

꺼
지
겼
지

땅
에

발

한
번

내
리
지

못
한

채

목매달려 있었지

**가로등**

마음의 첫머리를

들

수가

없어요

**길게 풀어내고 싶은데**

쓰
러
질

수

없
는

쓰러지면 안 되는 사람

**나**

어제 내 속에서는 저물어 놓고 선
오늘 아침
왜
거기서
멍청하게 빛나고 있는 거냐

이 자식 태양아!

**내가 그리도 서쪽이었느냐**

또
신세를
지는군요
하지만

다음엔 다른 문을 열 겁니다

꼭!

**나의 길**

무엇으로 살아가야 하나요?
답을 쓰지 못 한 빈 하늘을 보다가

**속만 상합니다**

울고 싶기도
하고
웃고 싶기도
하고

죽고 싶기도
하고
살고 싶기도
하고

소주도 먹고 싶고
맥주도 먹고 싶고

어찌 할
바를
모르겠네

**사는 거 참**

어떻게 하면

   수
   직
   의

   세
   상
   에
   서

자 유 곡 선
  으로

   살
   수
   있
   을
   까
   ?

차조심

하라는

울 엄마 목소리

**너무나 듣고 싶은 소리**

나를

가장 많이

비난한

사람

찾는 데

20년 걸렸네

**나**

이미 한 번

끝난

생을

다시

일으켜 세우다

**박스**

날개가 젖어
날지 못할까
걱정

안 한다

날개가 없었다는 걸
이젠

아니까

기어 다니기로
했으니까

행복하진
않지만

평안하다

## 6장 | 술

# 허튼 밤 견디는 깊은 숨

가슴의 불씨를 살리는 **술 약속**

어라?
내 자린데

거주자
우선인 거
모르남?

**집 근처 단골집**

기억하지도
못하는
하루들 중
하나가
되겠지만

혹시나
해서
밑줄 한 번

또르륵

쳐본다

**그냥 하루인 날**

3일 정도 연속된 술자리에
그만 술병이 나서 결근을 했다
그 날 저녁에 장모님이 소주 한잔 하자면서
홍어회를 가지고 오셨다
나는 어느새 식탁에 앉아 있었고
소주 한 병을 비웠다
그리고 다시 차오르는 술병 때문에 누웠더니
비정규직 보따리 강사 친구가
어디선가 자존심이 상해
술 한잔 하자며 전화를 했다
나는 다시 일어나 주섬주섬 옷을 입고
집 앞 포차로 나갔다
그리고 소주와 맥주를 말았다

오늘 아침 출근하면서 저녁에
참석해야 할 술자리를 생각했다

그래도 내 생활 중에 부족하지 않고
이렇게 넘치는 것이 한 가지라도
있다는 것에 하나님께 감사했다

**넘치게 술잔을 채워주심**

하늘이 정한 때라는 것이 있다
때가 목구멍까지 차올라 온몸으로 아는 때라는 것이 있다
이제 난 분연히 떨치고 일어선다

**술 마시러 일찍 퇴근**

말 없는 소통

콜

사람답게
살지 못하면
사람이 아니잖아?

사람 되어 보려고
양파와 마늘
곰처럼
먹어야 하니?

된장에 찍어
먹기도 하고
삼겹살 옆에 두고
구워 먹기도 하고
소주 한 잔 쭉
들이키고
날 것으로
먹기도 하고

미련하게 먹다가
성질만 내다가
도중에 그만둔
호랑이처럼 말고

**술을 왜 마실까?**

오늘은 자네가 마시게

**자작**

맥주의 세계 Vs 소주의 세계

**두 문명의 충돌**

주문하는 소리

카운터테너

그릇 스치는 소리

알토

젓가락질 소리

소프라노

소주 시키는 내 목소리

베이스

무반주로

들어도

너무

아름답나!

**보쌈정식 + 반주**

술잔 파지법이
견고하며 빈틈이 없고
아름답다
다들
일가를 이루었다

**그동안 얼마나 마셔댔으면 쯧**

2주 전에 고급 일식집 월급 사장이 된
중학교 시절 가끔 오토바이 몰고 등교하던
양사장에게 물었다
꿈이 바뀌어서 힘들지 않았냐고

양사장은 쿨하게 말했다
스파게티에서 스시로 바뀐 거뿐이라고

나는 고개를 끄덕였다

**참 맛있게 바뀌었다**

술 잔을 탁! 치니

억! 하고 가네

**마지막 건배**

방향을
버리고
길을
취하다

**돈오돈수**

나도 함 해보자

전화도 받지 않고
연락 두절 되는 거
문자나 카톡으로
서면보고 받고도
쌩까는 거

그리고
나를 바라는
애타는 눈빛
냉정하게
외면하는 거
나도 함 해보자

내 한 몸 챙겨 보자

**7일간 술 약속 금지**

흔들리지 못하는
요즘
불안하다

부러질까 봐

**금주**

이크!

곱창
들이온다

**내 마음**

안 녕 히

다 녀 와

주 세 요

**술 먹지 말아 주세요**

술잔을 드는 게 아니라 내가 깊이 가라앉는 것
술잔을 부딪치는 게 아니라 내게서 제발 멀어지지 말라
소매 붙잡는 것

**찬찬찬**

모두
혼연일체
되어
남김없이
쏟아
내었다

후회 없는
최선 뒤에
남겨진
이 나른함

아
그냥
눈물
난다

**뒷담화**

가득 찬
물통
노란
물감
빳빳한
붓

**수채화**

어린 양과
소와 돼지가사자와
함께 뛰어노는
천국까지는

찬성

생선들까지 벌떡 일어서서
사람이랑
친구 먹는 천국은
반댈세

**집 근처 횟집**

공기 좋았던
고향을 떠나
해 온 짓이
다 그렇고
그렇지 뭐
죽기 전까진
살아있어야
하는
뭐 그런 거

**니나 나나**

"야, 너무 하잖아. 내가 더 어떻게 해야 하는 거야? 너네 속사정 얘기를 다 들어줘야 해? 지금 나도 힘들거든? 내가 더 불행해지길 바라는 거야? 에이씨, 한 판 붙을까?"

매서운 늦가을 바람에 노란 옷 한 겹 두 겹 벗고 있는 은행나무를 붙들고 어느 날 밤에 내가 뱉은 허튼소리입니다. 물론 맨정신일 때 그러진 않죠. 꽤 늦은 야근이었고, 몹시 춥고 우울한, 마치 세상에 나 혼자 뒤처지고 있는 느낌을 받은 날이었습니다. 좀 과했습니다. 소주 세 병.
아니 이렇게 추운데 지들이 뭐라고 계속 옷을 벗습니까? 왜 자꾸 일부러 힘들어지려고 하는 거죠? 그런 건 저 혼자로 족해요. 지금 생각해도 열 받습니다. 그래서 그림으로 그리고 페북에 올렸죠 (이 책에는 없으니까 2014년 11월 4일 자 페이스북을 보셔요).

사실 뭐 한두 번 있는 일은 아닙니다. 그 길이 그래요. 아주 당황스럽고 지랄 같은 길이죠. 고려대역에 내려서 집까지 가는 길 말이에요. 여기저기서 뿜어져 나오는 유혹의 불빛, 악마의 손짓. 무아곱수 악마, 광주소머리 귀신, 청진동해장국 도깨비, 와라와포차 유령….
나는 도무지 그 악마들의 유혹을 뿌리쳐 낼 용기가 나지 않아요. 오늘은 해장국 도깨비가 유난히 난리 치네요.
김유신이 타던 말처럼 저절로 그 불빛을 향해 가는 나의 발목. 차마 발목을 쳐낼 수는 없어서 그냥 술집 문을 밀고 들어갑니다.
찬 기운이 회오리치며 딸려 들어옵니다. 이미 내 지정석엔 소주병 너덧 개가 구르고 있습니다.

이 시간 이런 곳에서 혼자 술 따르는 사람은 흔치 않습니다. 아무도
내가 자작하는 걸 눈치 못 채게 조용히 웅크려 앉습니다.
해장국 도깨비를 이겨 볼 요량으로 연거푸 들이켰던 건지,
여지없이 오바이트를 합니다. 속에 담겨있던 쓰라림들 지질함들
나답지 않은 모습들이 쏟아져 나옵니다. 속 시원하긴 한데 위장이
뒤틀립니다. 골목에서 시커먼 하늘을 한 번 쳐다봅니다.
이런 식으로 살다간 일 나지 싶었습니다. 아니나 다를까 무거운
선고가 내려졌습니다.
"역류성식도염입니다. 아주 심한 상태예요. 과식하지 마시고, 술,
담배 당장 끊으세요."
과식은 바로 조절할 수 있었습니다. 담배도 아무렇지 않게
끊었습니다. 그런데 술은? 어렵습니다. 술약속을 피하기 위해
전화도 받지 않고 문자와 카톡을 무시해 보기도 했지만. 그래 봤자,
술님이 나를 부르는데 거절할 방법이 없더군요.

나는 왜 술을 마실까요? 이해할 수 있을지 모르겠지만, 일단
이유를 설명은 해볼게요.
저는 아주 단단한 사람입니다. 어떤 것도 나를 흔들 수는 없습니다.
내가 견고해야 내 품 안에서 아내와 아이들이 흔들리지 않기
때문이죠. 그런데 이렇게 버텨내는 나를 흔드는 유일한 것이 바로
술입니다. 나도 사람이니까요. 아픈 거 느끼고 외로움도 타는
연약한 사람이니까요. 때론 흔들려야 살아 낼 수 있더라고요.

오늘처럼 허튼 밤이 찾이오면, 잠시라도 내 영혼이 깊게 숨을
쉬어야 해요. 바로 술이 필요한 순간인 거죠. 아, 췐다.

이렇게 저의 내면의
저 깊은 곳 아픈 부분에 대해
이야기 나눈 이성은
당신이 처음입니다
마누라 빼구요

**위 내시경**

삐뚤어 질테다
망가져 줄테다

**역류성식도염**

이렇게는 더 이상
못 살겠다

이제 끝내자
담배

**납세거부 움직임**

그땐
아무도 없는
하늘일지라도

연기 피워올려
구조요청 했었는데

**금연**

내 것보다 맛나 보이네

**나보다 힘드셨나 보네**

귓구멍엔
음악

콧구멍엔
연기

목구멍엔
알코올

머리에 뚫린
구멍마다

이것저것
넣어본다

**딱딱한 생각 용해제**

# 7장 | 아내
# 고마워 당신

전                국

지                명

수                배

**아내 생일 선물 사가는 길**

내 얼굴은 사각형
당신 얼굴은 삼각
아니
꽃각형

**순발력**

술 줄이시라, 빨리 죽고 싶지 않으면
마누라 처방하고 거의 비슷하나 디테일은 많이 떨어진다
마누라가
더
낫다

**마누라가 주치의**

아내는 늘 정밀묘사 중이다
보이지 않는 우리의 미래를
어떻게든 정교하게 그려보겠다며
말이다
지켜보는 나는
두려움만 더욱
정교해져
간다

**정밀묘사**

질질 끌어 봐야
서로
좋을 거
없잖아?

## 간단하게
## 끝내자

**출산날에**

여자들이 써놨네
힘들었다고
가운데 바나나에다

**내적 갈등의 외적 표현**

닮은 다수와 닮지 않은 소수 때문에 외로운 게 아니라
등을 돌렸기 때문에 외로워 보이는 거라 생각했다
뒷걸음질로 방문을 나섰다

**등 돌리진 말아야지**

세상이
순식간에

지옥
불구덩이로
변했다

**아내와 말다툼**

그냥 믿지

내
마음을
직접
봐야겠니?

**내 가슴을 찢어**

셋째에게
우유를
먹이는
아픈 아내를
바라보다

안경을
슬며시
벗었네

**미안하고 미안해서**

아픈 아내와 아이를 보면
정말 그러고 싶지 않은데
세계경영으로 정신없으신 하나님의 업무와 사색을
방해하더라도
그의 사무실 문을 두드리고 싶어진다
그러면 안 된다는 거
잘 알면서도
그가 짜증 낸다는 거
잘 알면서도

**기복**

연고같이
생긴
하얀 걸로
주세요
아내의
상처 난
마음에
바르려구요

**생일 생크림 케이크**

'고마워 당신'이라고 써 놓고 하염없이 생각에 잠깁니다. 지하철
소음을 배경음악으로 깔고 철컹철컹 거리는 흔들림에 맞춰
당신과의 추억 하나하나를 건드려 봅니다.
첫 만남부터 오늘까지 슬라이드 필름 돌리듯 찰칵찰칵 한 장면씩
넘깁니다. 생각보다 잘 넘어가지 못합니다. 중간중간 흐려진
장면에서 덜컥 걸립니다. 당신과 함께 4000번의 밤낮을 지내면서
나는 행복했던가 나로 인해 당신은 행복했던가? 이런 물음에까지
닿았습니다.

나에게는 이루고 싶은 꿈이 있었습니다. 감동적인 만화를 그려
세상 사람들에게 잠깐의 행복이라도 전하고 싶었습니다. 나는
이 일을 위해 태어났고, 또 그렇게 살아야 할 것처럼 굴었습니다.
삶의 가장자리에서 아등바등 살면서 만화를 부여잡고자
허우적대는 모습을 가장 가까운 곳에서 지켜보는 아내가 가장
불안하고 힘들었겠구나 하는 생각이 문득 들었습니다. '아, 내 아내
행복하게 해주지도 못하면서 어떻게 세상 사람들을 행복하게
해줄 수 있을까'라는 생각에 정수리가 찌릿했습니다.
작년 여름의 경험이었습니다. 이 일상의 기록을 쭉 하면서 저절로
알게 되었습니다. 내가 죽기 전까지 열심히 살고 또 견뎌내야 하는
가장 절실한 이유는 세상 사람들이 아니라 바로 내 아내였습니다.
가장 가까이에 있기에 소홀하게 대하게 되는 사람, 내 아내. 다시
한 번 '아내'라는 단어를 곱씹습니다.

그에게도 꿈이 있었을 겁니다. 그러나 어느새 세 아이의 엄마가
되어 그 꿈이 무엇이었는지조차 기억나지 않을지도 모릅니다.

아니 떠오르는 생각을 애써 지우고 있을 겁니다.
내 아내는 무용을 했습니다. 여전히 매력적인 몸매와 우아한
몸짓을 지닌 사람이지요. 혼자 거울을 보면서 자신의 몸이 여전히
아름답다는 생각에 우울해 했을지도 모릅니다. 여전히 날렵한
자신의 동작을 보면서 잃어버린 꿈이 떠올랐을 겁니다. 남편을
원망하고 심지어 아이들에게까지 미운 마음이 살짝 들었을지도
모릅니다. 사는 게 다 그렇다는 말로 위로할 수 없습니다. 그런
위로는 남이 해주는 위로니까요.
나는 그냥 정말 정말 미안해, 미안해, 미안해. 전하지 못한 미안한
마음뿐입니다. 어째 고마움에 앞서 미안함이 앞을 가리네요.

아내라는 이름으로 한 남자의 풍경이 되는 걸 자처한 사람. 아내는
언제나 나의 뒷모습이었고, 무대였으며, 풍경이었습니다. 나는
아내를 그냥 그런 사람이라고 여겼던 것 같습니다.

당신은 이제 내게 '사람'이 아니라 다시 '여자'입니다. 내가 있는
풍경이 아름다운 이유는 당신이라는 여자 때문입니다.
만날 술 먹는다고 구박을 하든 말든 어떻게든 당신 옆에 오래오래
누울 수 있는 것, 나를 보는 당신 얼굴에 떠오른 웃음을 보는 것이
내 유일한 목표이자 꿈입니다. 나는 당신을 위해 마지막까지
열심히 살 겁니다. 내겐 이제 그것밖에 없습니다. 이것은
확정되었고 이제 더 이상 의심할 여지도 없습니다.
마지막으로 세상에서 가장 행복한 말로 내 사랑을 말하겠습니다.

"다음 생에도 우리 다시 만납시다. 사랑합니다, 경주 씨."

만약

당신이

없으면

난

어떻게

하지?

맨날

정신줄

풀어질 텐데

언젠간
그리울
하루

고마워 하루

언젠가 그리울
일상의 기록

# 고마워 하루

---

**초판1쇄** 인쇄 2015년 1월 5일
**초판1쇄** 발행 2015년 1월 10일

**지은이** 하재욱
**펴낸이** 유상원
**펴낸곳** 헤르츠나인(상상+모색)
**디자인** 김태형
**편 집** 박정영
**인 쇄** (주)신화프린팅
**등록일** 2010년 11월 5일
**등록번호** 상상+모색 제313-2010-322호
**주 소** 서울시 마포구 서교동 334-30
**전 화** 070-7519-2939
**팩 스** 02-6919-2939
**이메일** hertz9books@gmail.com

ISBN 978-89-965472-9-7  03810

copyright ⓒ 2014, 하재욱
저자와의 협의 아래 인지를 생략합니다. 파본은 구입하신 서점이나 본사에서 교환해드립니다. 책값은 뒤표지에 있습니다. 본 책은 저작권법에 의해 보호를 받는 저작물이므로 무단 전재와 복제를 금합니다.
본문 내용 중 간혹 맞춤법 표준 규정에 어긋난 '후라이' '고로케' 같은 표현이나 '안전빵' '오링' 등 비속어가 나옵니다. 일상의 느낌을 살리기 위해 저자의 표현대로 진행했음을 알립니다.
이 책은 DPPA(Design & Publication Promotion Association, 마포디자인출판진흥지구협의회) 출판지원사업의 도움을 받았습니다.

**헤르츠나인**은 **상상+모색**의 출판브랜드입니다.

이 도서의 국립중앙도서관 출판예정도서목록(CIP)은 서지정보유통지원시스템 홈페이지(http://seoji.nl.go.kr)와 국가자료공동목록시스템(http://www.nl.go.kr/kolisnet)에서 이용하실 수 있습니다. (CIP제어번호 : CIP2014037030)